# CADERNO DO ESCRITOR
## COMUNICAÇÃO ESCRITA

**Organizadora: Editora Moderna**

Obra coletiva concebida, desenvolvida e produzida pela Editora Moderna.

**Editora Executiva:**
Marisa Martins Sanchez

NOME: ..................................................................................

..................................................TURMA: ..........................

ESCOLA: ...............................................................................

..............................................................................................

1ª edição

Editora Moderna © 2018

**Elaboração dos originais**

**Marisa Martins Sanchez**
Licenciada em Letras pelas Faculdades São Judas Tadeu. Professora de Português em escolas públicas e particulares de São Paulo por 11 anos. Editora.

**Acáccio João Conceição da Silva**
Bacharel em Comunicação Social pela Universidade Católica de Santos. Editor.

**Mary Cristina Pereira da Silva**
Bacharel em Comunicação Social pela Universidade de Mogi das Cruzes. Licenciada em Letras pela Universidade Guarulhos. Pós-graduada em Língua Portuguesa pela Pontifícia Universidade Católica de São Paulo. Jornalista e editora.

**Sueli Campopiano**
Bacharel em Ciências Sociais pela Universidade de São Paulo. Editora.

**Coordenação editorial:** Sueli Campopiano
**Edição de texto:** Acáccio Silva, Mary Cristina Pereira da Silva, Sueli Campopiano
**Assistência editorial:** Magda Reis
**Gerência de *design* e produção gráfica:** Everson de Paula
**Coordenação de produção:** Patricia Costa
**Suporte administrativo editorial:** Maria de Lourdes Rodrigues
**Coordenação de *design* e projetos visuais:** Marta Cerqueira Leite
**Projeto gráfico:** Daniel Messias, Daniela Sato, Mariza de Souza Porto
**Capa:** Daniel Messias, Otávio dos Santos, Mariza de Souza Porto, Cristiane Calegaro
 *Ilustração:* Raul Aguiar
**Coordenação de arte:** Wilson Gazzoni Agostinho
**Edição de arte:** Daiane Alves Ramos, Regiane Santana
**Editoração eletrônica:** MRS Editorial
**Coordenação de revisão:** Elaine C. del Nero
**Revisão:** Ana Cortazzo, Ana Paula Felippe, Renata Brabo, Renato da Rocha Carlos
**Coordenação de pesquisa iconográfica:** Luciano Baneza Gabarron
**Pesquisa iconográfica:** Mariana Veloso
**Coordenação de *bureau*:** Rubens M. Rodrigues
**Tratamento de imagens:** Fernando Bertolo, Joel Aparecido, Luiz Carlos Costa, Marina M. Buzzinaro
**Pré-impressão:** Alexandre Petreca, Everton L. de Oliveira, Marcio H. Kamoto, Vitória Sousa
**Coordenação de produção industrial:** Wendell Monteiro
**Impressão e acabamento:** Bercrom Gráfica e Editora
**Lote:** 768.574
**Cód.:** 12113179

---

**Dados Internacionais de Catalogação na Publicação (CIP)**
**(Câmara Brasileira do Livro, SP, Brasil)**

Buriti plus português / organizadora Editora Moderna ; obra coletiva concebida, desenvolvida e produzida pela Editora Moderna. — 1. ed. — São Paulo : Moderna, 2018. (Projeto Buriti)

Obra em 5 v. para alunos do 1º ao 5º ano.

1. Português (Ensino fundamental)

18-16393                          CDD-372.6

**Índices para catálogo sistemático:**

1. Português : Ensino fundamental 372.6

Maria Alice Ferreira – Bibliotecária – CRB-8/7964

**ISBN 978-85-16-11317-9 (LA)**
**ISBN 978-85-16-11318-6 (GR)**

Reprodução proibida. Art. 184 do Código Penal e Lei 9.610 de 19 de fevereiro de 1998.
Todos os direitos reservados
**EDITORA MODERNA LTDA.**
Rua Padre Adelino, 758 – Belenzinho
São Paulo – SP – Brasil – CEP 03303-904
Vendas e Atendimento: Tel. (0_ _11) 2602-5510
Fax (0_ _11) 2790-1501
www.moderna.com.br
2022
Impresso no Brasil

1 3 5 7 9 10 8 6 4 2

Este *Caderno do Escritor* compõe seu material de estudos em conjunto com o livro *Buriti Plus Português 4*.

Nele ficarão registrados, de modo organizado, os textos que você produzir ao longo do 4º ano. É claro que você vai escrever outros pequenos textos indicados no livro ou solicitados pelo professor. Mas neste *Caderno* ficarão as produções maiores, da seção "Comunicação escrita", que aplicam o que foi estudado em cada unidade do livro, seguindo algumas etapas.

Assim, você, seu professor e sua família poderão acompanhar seu progresso como escritor.

Capriche nas ideias e na letra!

*Os editores*

### Tantas palavras

Reservamos também um espaço para você registrar as palavras que pesquisou no dicionário após a leitura dos textos. Sempre que estiver produzindo um texto, consulte suas anotações e tente utilizar algumas dessas palavras.

# Conheça seu caderno

Nestas fichas, você registra o **significado das palavras** que pesquisou no dicionário. Depois, pode usá-las em suas novas produções.

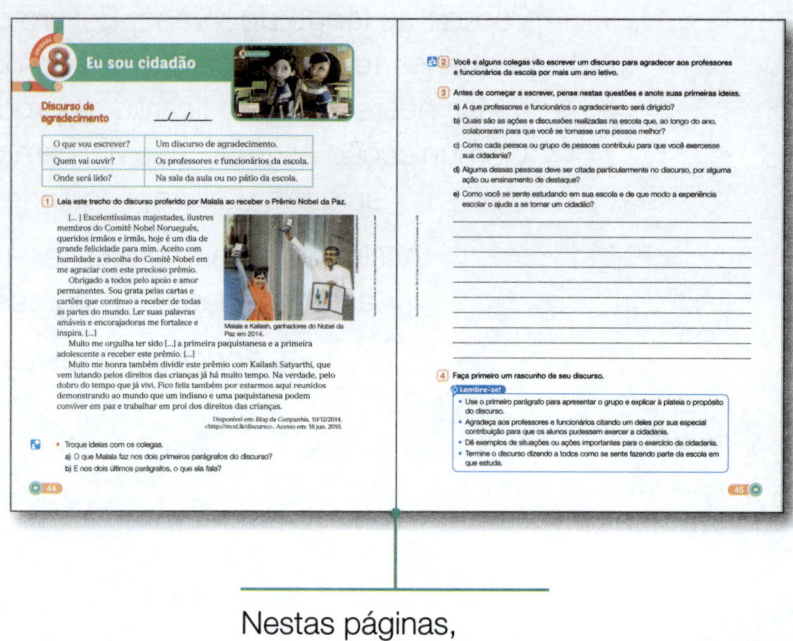

Nestas páginas, estão as **orientações** para sua produção.

Aqui você **passa a limpo** seu texto de acordo com a autoavaliação. Se quiser, pode ilustrá-lo também.

Aqui você faz um **rascunho** do seu texto.

**Autoavaliação**
Releia seu texto e verifique se precisa alterar alguma coisa antes de passá-lo a limpo.

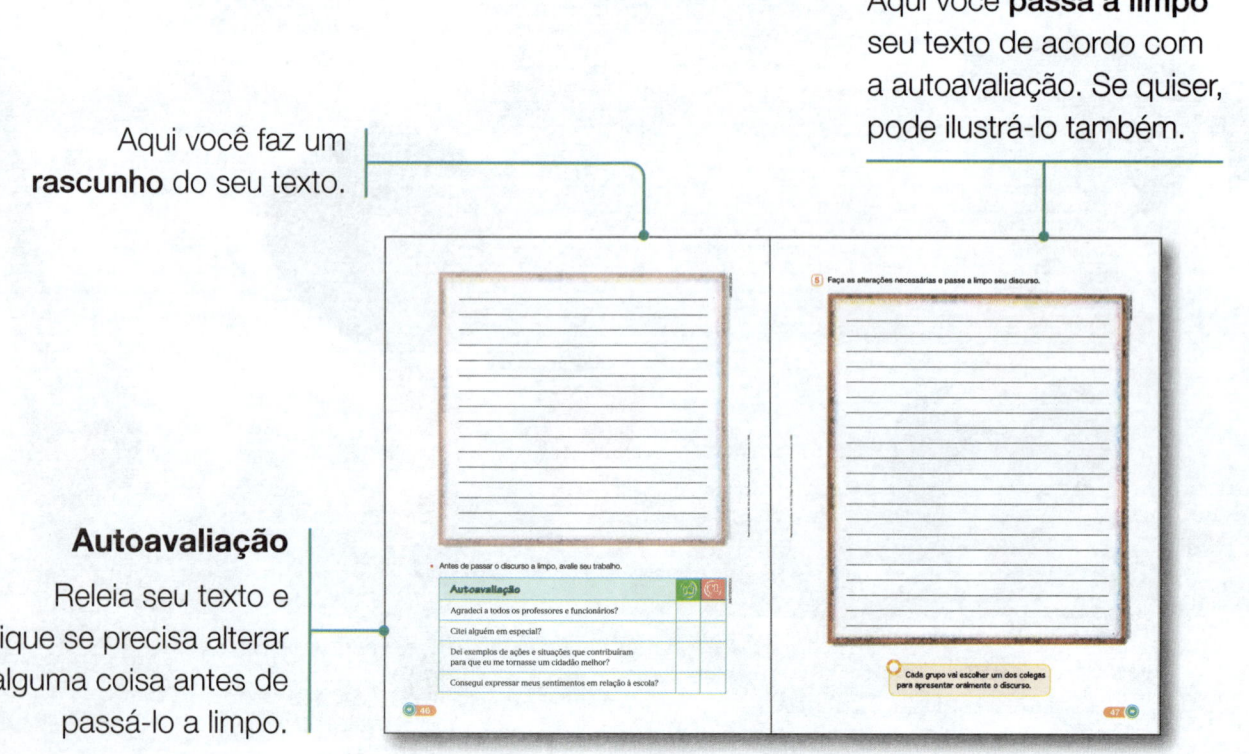

# Sumário

Tantas palavras ............... 6

Minhas produções ............... 15

# Tantas palavras

**Tantas palavras**

# Tantas palavras

# Tantas palavras

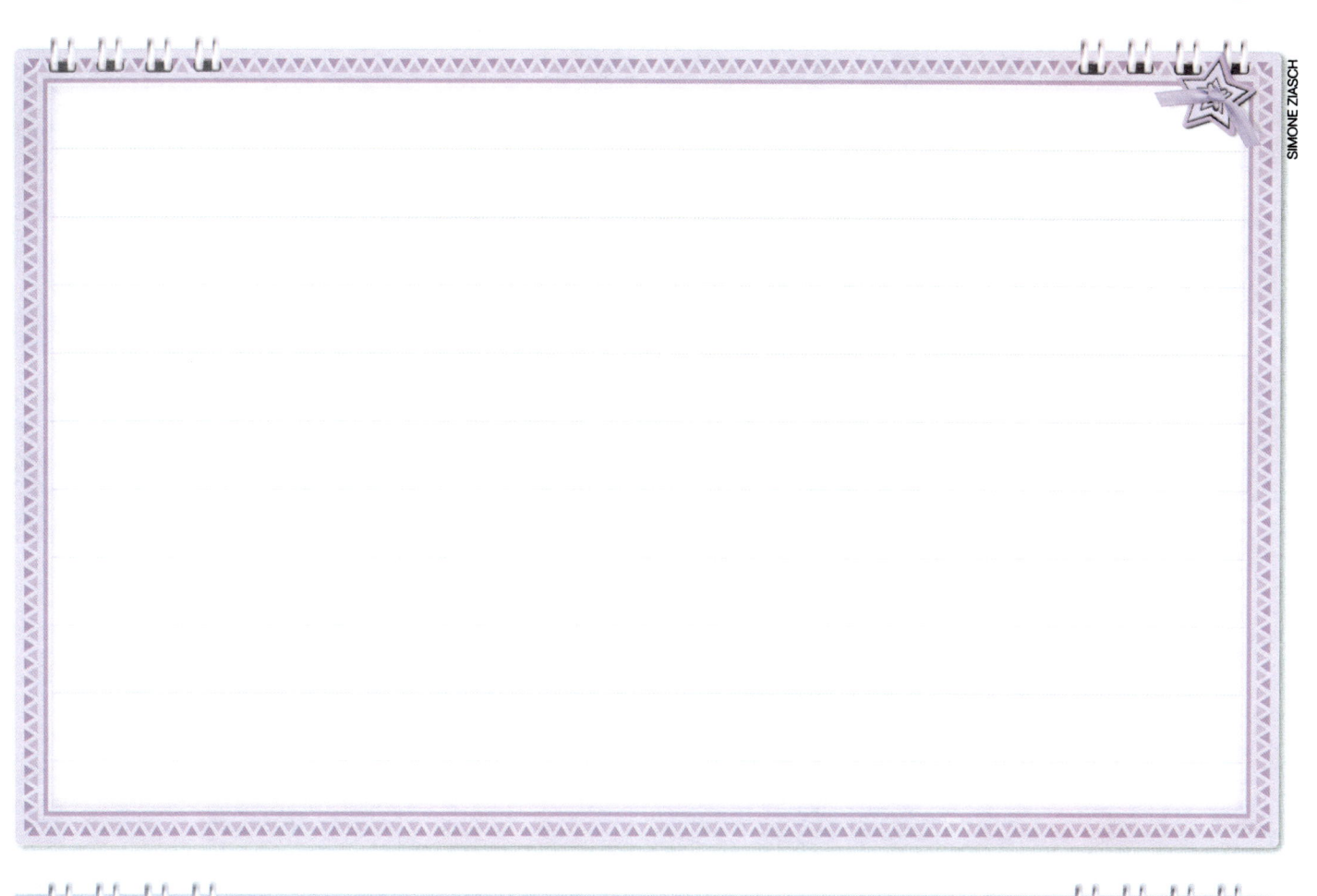

## Tantas palavras

**Tantas palavras**

## Tantas palavras

# Tantas palavras

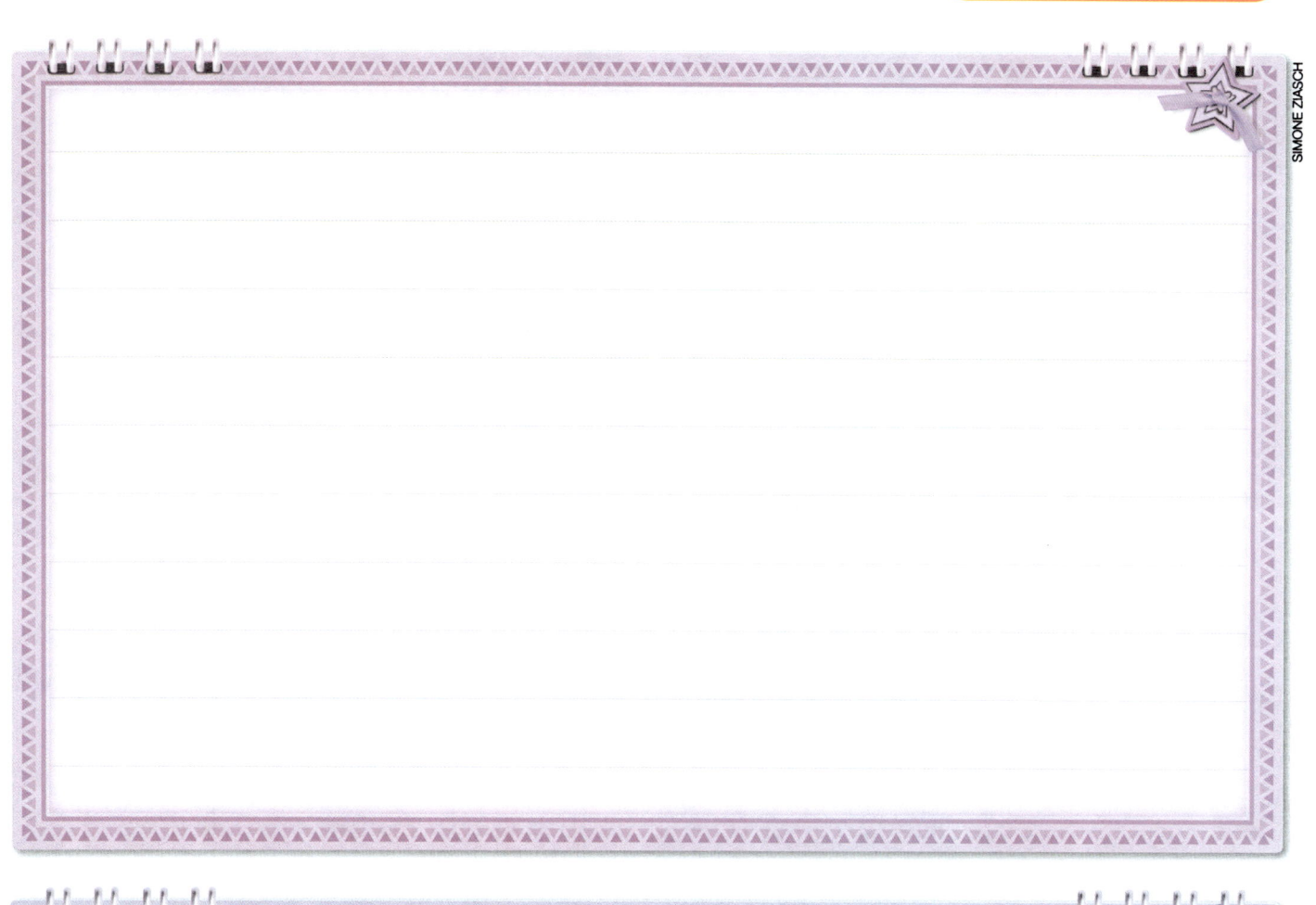

## Tantas palavras

**Minhas produções**

# Sumário

**UNIDADE 1** **Eu sou esperto** .................................................................................................. 16
Instruções de jogo

Título: _____

**UNIDADE 2** **Eu respeito a natureza** ..................................................................................... 20
Propaganda

Título: _____

**UNIDADE 3** **Eu busco explicações** ...................................................................................... 24
Texto expositivo

Título: _____

**UNIDADE 4** **Eu vou ao cinema** ............................................................................................ 28
Resenha de filme

Título: _____

**UNIDADE 5** **Eu conheço meu cérebro** ................................................................................ 32
Personagem de história em quadrinhos

Título: _____

**UNIDADE 6** **Eu me informo** ................................................................................................. 36
Notícia

Título: _____

**UNIDADE 7** **Eu tenho problemas** ........................................................................................ 40
Carta de reclamação

Título: _____

**UNIDADE 8** **Eu sou cidadão** ................................................................................................ 44
Discurso de agradecimento

Título: _____

# UNIDADE 1

# Eu sou esperto

## Instruções de jogo ___/___/_____

| O que vou escrever? | As instruções de um jogo. |
|---|---|
| Quem vai ler? | Os colegas da classe. |
| Onde vai circular? | Na classe. |

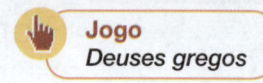
Jogo
*Deuses gregos*

**1** Leia as instruções do jogo *Deuses gregos*.

**DEUSES GREGOS**

### Instruções

Neste jogo você deve formar pares de cartas equivalentes.
Em cada par, uma das cartas sempre vai apresentar o nome de um deus, enquanto a outra poderá apresentar uma imagem que o represente, seu nome correspondente na mitologia romana ou um ícone a ele relacionado.

Vire duas cartas por jogada. Memorize os locais das cartas viradas para formar os pares. Quanto mais rápido você terminar o jogo, mais pontos fará!

**2** Você e um colega vão escrever as instruções de um jogo. Utilizem o exemplo que acabaram de ler como modelo.

**3** Antes de começar a escrever, pense nestas questões e anote as primeiras ideias.

a) Você vai criar um novo jogo ou vai escrever as instruções de um jogo que já conhece?

b) Quais são os objetivos do jogo? Como um jogador vence? Como ele perde?

c) O que as cartas, peças ou unidades desse jogo representam?

d) Seu jogo pode ser jogado de maneiras alternativas? Há dicas especiais para ajudar os jogadores a vencer esse jogo?

_____
_____
_____
_____
_____
_____
_____
_____
_____

**4** Agora, faça um rascunho das instruções do seu jogo.

> **Lembre-se!**
> - Escreva como título o nome do jogo.
> - Faça a lista dos objetivos, conforme você planejou.
> - Descreva, passo a passo, o modo de jogar.
> - Dê uma ou duas dicas de como jogar.
> - Escreva o número de jogadores.

- Antes de passar as instruções do jogo a limpo, avalie seu trabalho.

| Autoavaliação | 👍 | 👎 |
|---|---|---|
| Escrevi o nome do jogo? | | |
| Relacionei os objetivos e o número de jogadores? | | |
| Expliquei o que as cartas, peças ou unidades desse jogo representam? | | |
| Descrevi passo a passo o modo de jogar? | | |
| Dei dicas de como jogar? | | |

**5** Faça as alterações necessárias e passe a limpo as instruções do jogo.

Peça aos colegas que leiam as instruções do jogo antes de iniciá-lo.

UNIDADE 2

# Eu respeito a natureza

2 Eu respeito a natureza


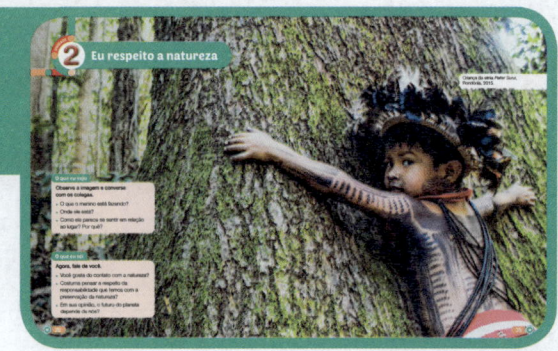

## Propaganda

___/___/___

| | |
|---|---|
| O que vou fazer? | Uma propaganda para campanha ambiental. |
| Quem vai ler? | Os funcionários e colegas da escola. |
| Onde vai circular? | Na escola. |

**1** Leia esta propaganda.

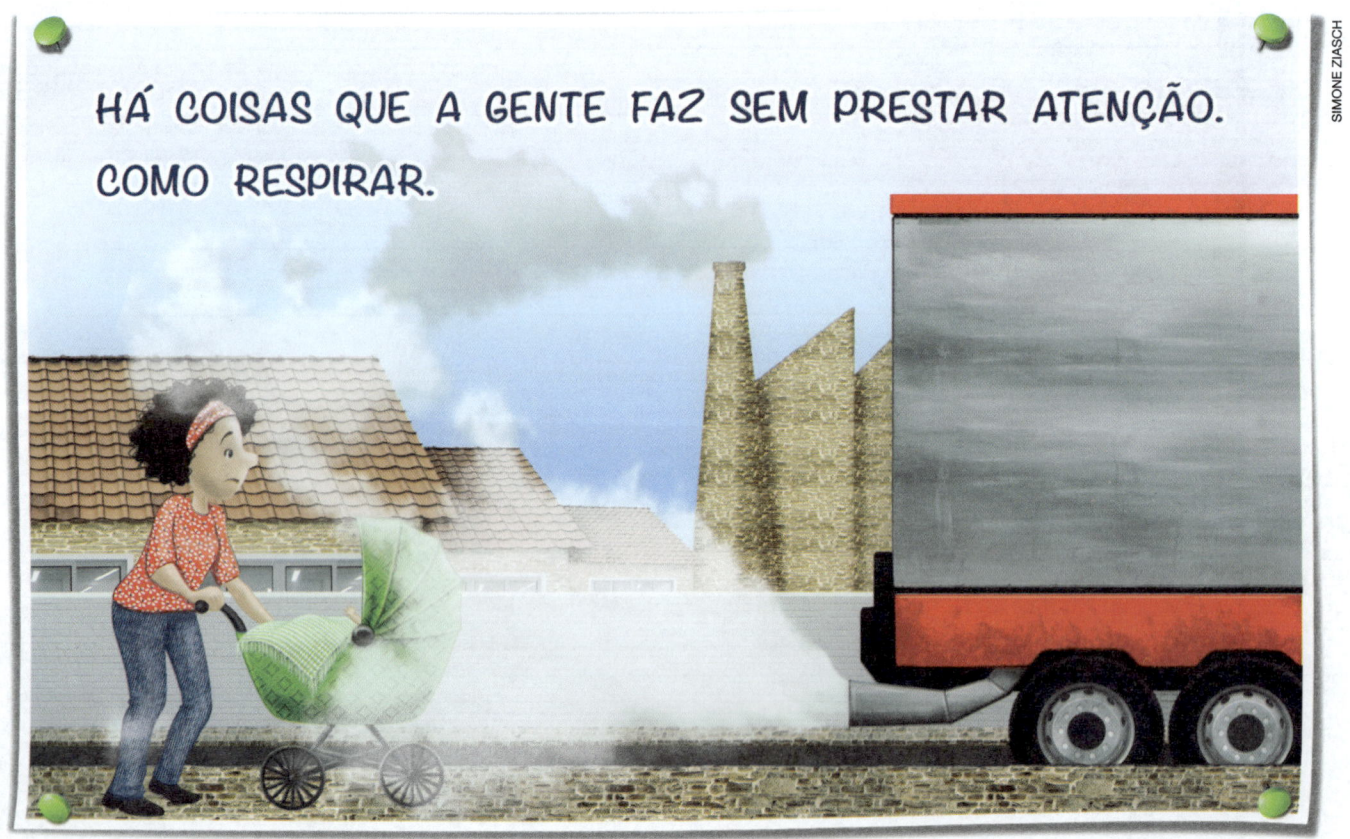

HÁ COISAS QUE A GENTE FAZ SEM PRESTAR ATENÇÃO.
COMO RESPIRAR.


SIMONE ZIASCH

- Troque ideias com os colegas.
  a) Qual é o objetivo dessa propaganda?
  b) Para quem ela é dirigida?
  c) Qual é a relação do texto da propaganda com a imagem?

**2** Você e um colega vão produzir uma propaganda com uma imagem e um texto curto. O objetivo é sensibilizar a comunidade escolar para um problema ambiental que possa estar afetando todos vocês.

**3** Antes de começar, pense nestas questões.

a) Qual é o problema que pode representar uma ameaça ao meio ambiente de sua comunidade? Desmatamento? Poluição do solo, da água, do ar? Poluição visual ou sonora? Risco de extinção de espécies animais ou vegetais?

b) Por que as pessoas precisam tomar conhecimento desse problema?

c) Qual é o público que vocês pretendem atingir? Adultos e crianças? Só crianças?

d) Como essas pessoas podem ser sensibilizadas para o problema?

e) Que palavras e imagens se relacionam com esse assunto?

f) Qual é a melhor linguagem a ser usada? Formal ou informal? Séria ou bem-humorada?

_____
_____
_____
_____
_____
_____
_____
_____

**4** Faça primeiro um rascunho da sua propaganda.

> **Lembre-se!**
> - A propaganda que você vai fazer deve ser chamativa e remeter o público--alvo ao problema tratado.
> - A mensagem deve estar relacionada à imagem escolhida.
> - Para a imagem, você pode usar foto, recorte ou outro material, ou ainda fazer um desenho.
> - O texto deve ser curto e escrito com letras grandes para que seja lido pelas pessoas ao passar pela propaganda.
> - O texto deve sensibilizar o público e convencê-lo a colaborar.

- Antes de passar a propaganda a limpo, avalie seu trabalho.

| Autoavaliação | 👍 | 👎 |
|---|---|---|
| O texto que escrevi está de acordo com o tema escolhido? | | |
| Texto e imagem se completam? | | |
| A mensagem está clara? | | |
| A linguagem está adequada ao público a quem se dirige a mensagem? | | |
| Escrevi as palavras corretamente? | | |

**5** Faça as alterações necessárias e passe sua propaganda a limpo. Dê atenção especial à disposição do texto e da imagem.

# UNIDADE 3 — Eu busco explicações

## Texto expositivo          ___/___/_____

| O que vou escrever? | Um texto expositivo baseado em pesquisa. |
| --- | --- |
| Quem vai ler? | Os colegas da escola. |
| Onde vai circular? | Em um mural da escola. |

### Proposta de escrita

**1** Observe a página de resultados deste *site* de busca na internet.

Neste espaço, são digitadas as palavras-chave (os termos que serão buscados).

Título da página.

Endereço eletrônico.

Amostra do conteúdo.

Disponível em: <https://www.google.com.br>. Acesso em: 8 jan. 2018.

Podemos descobrir muito sobre um *site* observando o endereço dele. As letras **ufmg** e **usp** indicam que as páginas estão ligadas a *sites* de universidades; as letras **br** indicam que o *site* é brasileiro. Essas informações ajudam a avaliar quais *sites* merecem mais atenção.

| UFMG: | Universidade Federal de Minas Gerais. |
| --- | --- |
| USP: | Universidade de São Paulo. |

24

**2** Você vai escrever um texto expositivo baseado em uma pesquisa na internet. Seu tema será o nascimento dos animais que botam ovos.

**3** Antes de começar a escrever, pense nestas questões e anote as primeiras ideias.

a) Como se chamam os animais que botam ovos?

b) Quais são eles?

c) Que palavras-chave você poderá usar em suas buscas?

d) Que *sites* você deverá acessar para reunir dados suficientes para seu texto?

e) Você vai utilizar imagens para ilustrar sua pesquisa?

f) Em caso positivo, vai procurar imagens na internet? Se estiver difícil de encontrar o que precisa, lembre-se de que você também pode desenhar.

_____
_____
_____
_____
_____
_____
_____

**4** Agora, faça um rascunho de seu texto.

> **LEMBRE-SE!**
> - Escreva o título da pesquisa.
> - Apresente a ideia principal.
> - Selecione informações interessantes sobre o assunto.
> - Desenvolva essas ideias de maneira clara e bem sequenciada.
> - Escolha alguns destes termos para desenvolver a sequência na elaboração de seu texto: *antes, depois, primeiro, finalmente*.
> - Escreva uma frase para concluir a ideia principal.
> - Indique as fontes de pesquisa, ou seja, os endereços dos *sites* que você usou.

- Antes de passar o texto a limpo, avalie seu trabalho.

| Autoavaliação | 👍 | 👎 |
|---|---|---|
| Escolhi um título interessante? | | |
| Escolhi informações interessantes sobre o nascimento do animal? | | |
| Utilizei uma sequência temporal para desenvolver o tema? | | |
| Organizei o texto em parágrafos? | | |
| Coloquei o endereço dos *sites* em que pesquisei? | | |

**5** Faça as alterações necessárias e passe a limpo seu texto.

Mostre seu texto para os colegas da classe.

UNIDADE 4

# Eu vou ao cinema

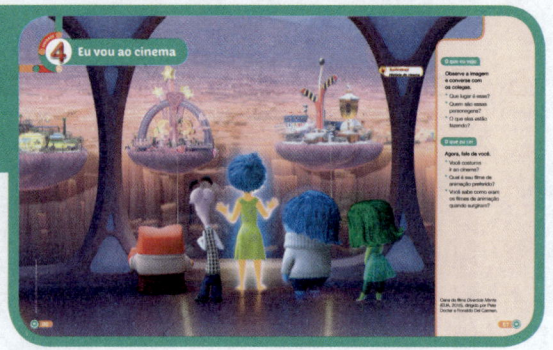

## Resenha de filme

___/___/_____

| | |
|---|---|
| O que vou escrever? | Uma resenha de filme. |
| Quem vai ler? | Os alunos da escola. |
| Onde vai circular? | No mural da escola. |

**1** Leia esta resenha.

### Animação brasileira no Oscar!

[...] O filme *O menino e o mundo*, do diretor Alê Abreu, foi indicado ao Oscar de melhor animação do ano. O brasileiro concorre com *Anomalisa, Divertida Mente, Shaun, o carneiro* e *Quando estou com Marnie*. [...]

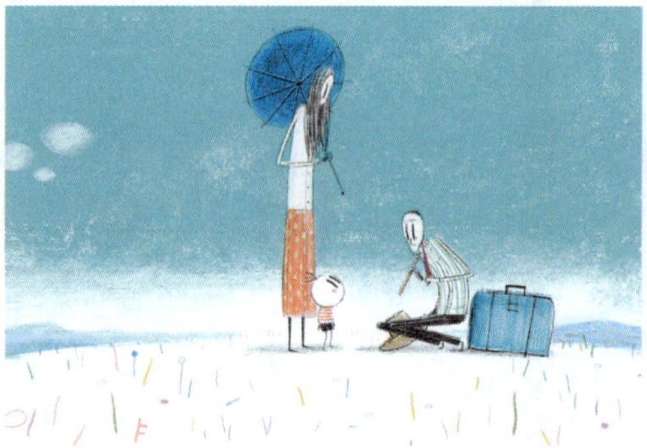
FILME DE PAPEL/ARCHIVES DU 7EME ART/PHOTO12/AFP

Cena do filme *O menino e o mundo*.

O filme conta as aventuras de um menino que vive em uma cidade isolada e que um dia sai para procurar seu pai pelo mundo.

Em sua missão, o menino encontra e vive os problemas que afetam a Terra hoje, como a globalização, a crise econômica e a perda de valores.

O filme é dirigido pelo cineasta paulista Alê Abreu, de 44 anos, que em 2007 criou a animação *Garoto Cósmico*. Ele também dirigiu os curtas *Espantalho* (1998) e *Passo* (2007).

*O menino e o mundo* conquistou, no ano passado, o Prêmio Cristal de longa-metragem no encerramento do 38º Festival do Filme de Animação de Annecy, no leste da França, considerado o epicentro mundial do cinema de animação.

Disponível em: Joca, 14/1/2016, <http://mod.lk/animao>. Acesso em: 11 jun. 2018.

- Troque ideias com os colegas.

a) Quem é o protagonista dessa animação?

b) Qual é o assunto principal da história?

c) Que informações da história a resenha não revela? Por quê?

**2** Você e um colega vão escrever a resenha do filme que vocês apresentaram na seção "Comunicação oral".

**3** Antes de começar a escrever, pense nestas questões. Anote as primeiras ideias.

a) A que gênero o filme pertence?

b) Quem é o diretor do filme?

c) Qual é a nacionalidade do diretor?

d) Quem são os atores que participam do filme?

e) O filme ganhou algum prêmio?

f) Quem são as personagens principais?

g) Que partes do filme chamaram mais sua atenção?

h) Que informações sobre o filme podem despertar o interesse do leitor da resenha?

_____
_____
_____
_____
_____
_____
_____

**4** Agora, faça um rascunho de sua resenha.

> **Lembre-se!**
> - Escreva no título da resenha o nome do filme e o gênero a que pertence.
> - Apresente o nome do diretor que produziu o filme.
> - Cite o ano em que o filme foi lançado.
> - Escreva um breve resumo do filme, apresente as personagens principais e os fatos mais importantes, mas não conte o fim da história.
> - Procure dar informações sobre o filme que despertem o interesse do leitor da resenha.

- Antes de passar o texto a limpo, avalie seu trabalho.

| Autoavaliação | 👍 | 👎 |
|---|---|---|
| Informei o nome do filme e o gênero a que pertence? | | |
| Apresentei o nome do diretor e o ano de lançamento do filme? | | |
| Resumi o filme contando os fatos mais importantes da história sem contar o fim? | | |
| Apresentei as personagens principais? | | |
| Selecionei informações que despertarão o interesse dos leitores? | | |

**5** Faça as alterações necessárias e passe a limpo sua resenha.

Exponha, com os colegas, as resenhas na biblioteca da escola.

UNIDADE 5

# Eu conheço meu cérebro

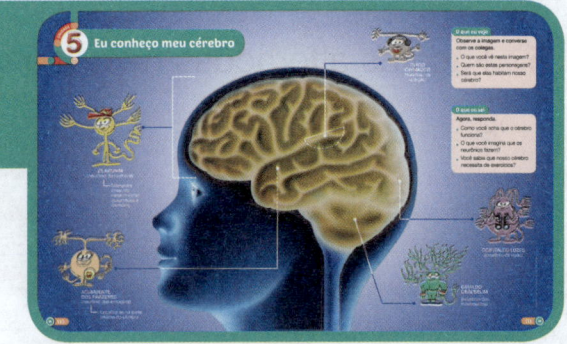

**Personagem de história em quadrinhos** ____/____/____

| O que vou fazer? | Criar e descrever uma personagem de história em quadrinhos. |
|---|---|
| Quem vai ler? | Os colegas do 4º e 5º anos. |
| Onde será exposto? | Em um mural da escola: *Galeria de Personagens*. |

**1** Observe esta personagem da *Turma do Zé Neurim*, criada por Roberto Lent e Flávio Dealmeida.

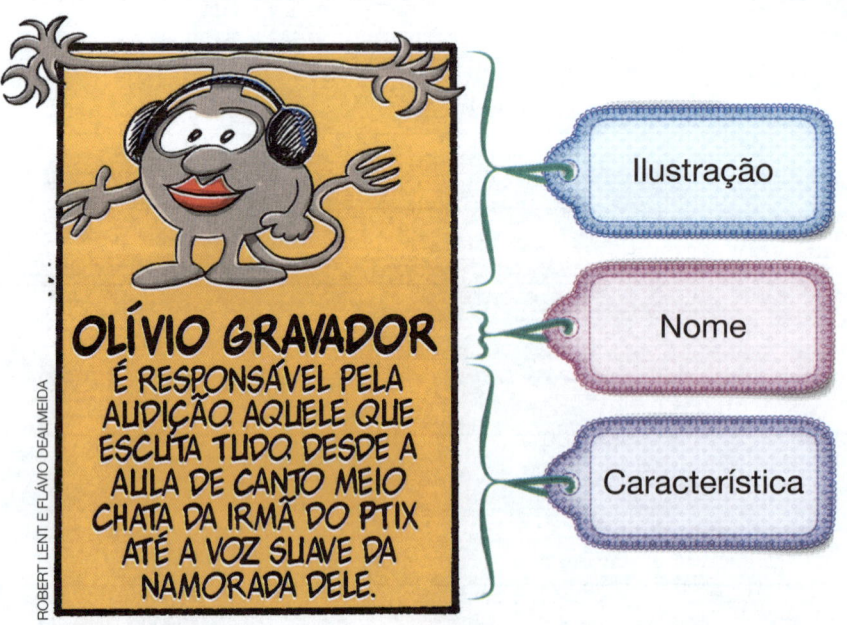

ROBERT LENT E FLÁVIO DEALMEIDA

- Ilustração
- Nome
- Característica

- Troque ideias com os colegas.

   a) Que elementos foram usados para apresentar a personagem?

   b) Que palavras usadas na caracterização da personagem confirmam o nome de Olívio Gravador?

   c) Que parte da ilustração se relaciona ao nome da personagem?

**2** Você e um colega vão criar uma personagem de história em quadrinhos que tenha uma característica marcante.

**3** Antes de começar a escrever, pense nestas questões.

a) Que personagem você gostaria de criar? Uma pessoa, um animal, um robô, um objeto, um alimento? Use a imaginação e decida quem será sua personagem.

b) Qual será a principal característica de sua personagem?

c) O Olívio Gravador usa fones de ouvido e o Menino Maluquinho, uma panela na cabeça. O que você pode desenhar em sua personagem para que todos percebam a principal característica dela?

d) Que nome você dará à sua personagem?

**4** Faça primeiro um rascunho do desenho e do texto.

> **Lembre-se!**
> - Desenhe a personagem de modo que apareça a característica mais marcante dela.
> - Escreva o nome da personagem considerando essa característica.
> - Faça uma descrição curta e organizada. Escreva primeiro o que for mais importante e, depois, os detalhes.
> - Verifique se a descrição que você fez corresponde ao desenho que criou.
>
> Veja esta outra personagem da *Turma do Zé Neurim*.

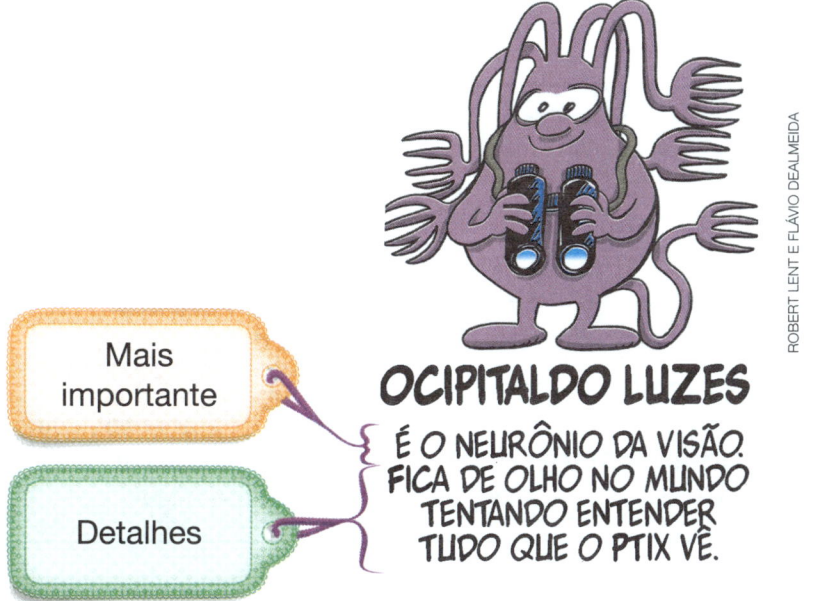

- Antes de passar o desenho e o texto a limpo, avalie seu trabalho.

| Autoavaliação | 👍 | 👎 |
|---|---|---|
| Apresentei as características da personagem em um texto curto e de maneira clara e organizada? | | |
| O nome da personagem está de acordo com as características dela? | | |
| Fiz um desenho adequado da personagem para que todos percebam facilmente sua principal característica? | | |
| As palavras estão escritas corretamente? | | |

**5** Faça as alterações necessárias e passe a limpo o desenho e o texto.

Agora, você e os colegas vão reunir todos os trabalhos e preparar uma exposição chamada *Galeria de Personagens*.

# UNIDADE 6 — Eu me informo

## Notícia            ___/___/_____

| O que vou escrever? | Uma notícia. |
|---|---|
| Quem vai ler? | Os colegas da escola. |
| Onde vai circular? | Na biblioteca. |

**1** Leia com atenção esta notícia.

http://mod.lk/circuito

### Rei e Rainha do Mar chega ao Recreio

A Pedra do Pontal é um dos pontos mais conhecidos e bonitos do Recreio dos Bandeirantes. Esta enorme rocha, que separa as praias do Recreio e da Macumba e pode ser escalada, é muito procurada pelos turistas para admirar as belezas da zona oeste carioca. É lá que vai acontecer a próxima etapa do Rei e Rainha do Mar nos dias 8 e 9 de outubro. Pela primeira vez o circuito será disputado na região do Recreio e trará algumas novidades para os cerca de 4 mil atletas inscritos.

A Pedra do Pontal separa as praias do Recreio e da Macumba

A etapa da Pedra do Pontal marca a estreia das crianças no Rei e Rainha do Mar em provas no Rio de Janeiro com a versão *kids* da natação em águas abertas e do *beachrun* (corrida na areia). Sucesso nas etapas de Ubatuba e Salvador, as provas de águas abertas terão três distâncias: 100 m (8 e 9 anos), 200 m (10 e 11 anos) e 400 m (12 e 13 anos). No *beachrun* os pequenos vão correr entre 100 m e 800 m nas areias da Praia do Recreio.

*UOL*, 28 set. 2016. Disponível em: <http://mod.lk/circuito>. Acesso em: 10 jul. 2018.

**2** Com um colega, responda a estas perguntas.

a) Qual é o fato noticiado?

_____

b) Onde aconteceu o fato?

_____

c) Quando aconteceu? _____

d) Qual é a novidade desse evento?

_____

**3** Criem um subtítulo para a notícia.

> **Rei e Rainha do Mar chega ao Recreio**

_____

_____

_____

**4** Agora, você e seu colega vão escrever uma notícia.

- Pode ser sobre algum evento em sua cidade ou escola.
- Pode ser também a notícia que vocês apresentaram na "Comunicação oral".
- A notícia deve ter título e subtítulo.

**5** Antes de começar a escrever, pense nestas questões.

a) Que fato atual pode interessar aos colegas da escola?

b) Que palavras são importantes para noticiar o fato?

**6** Faça primeiro um rascunho de seu texto.

> **Lembre-se!**
> - Dê um título para a notícia.
> - Escreva um subtítulo.
> - O texto da notícia deve responder às principais perguntas: **o que**, **quem**, **onde**, **quando**, **como**, **por quê**.

- Antes de passar o texto a limpo, avalie seu trabalho.

| Autoavaliação | 👍 | 👎 |
|---|---|---|
| Dei as informações sobre o assunto da notícia que não estavam no título? | | |
| Despertei o interesse do leitor pela notícia? | | |
| Usei palavras importantes para noticiar o fato? | | |

**7** Faça as alterações necessárias e passe seu texto a limpo.

Organizem todas as notícias e coloquem no mural da biblioteca.

## UNIDADE 7 — Eu tenho problemas

### Carta de reclamação ___/___/_____

| O que vou escrever? | Uma carta de reclamação. |
|---|---|
| Quem vai ler? | A pessoa responsável pela solução do problema. |
| Onde vai circular? | Por *e-mail* ou pelo correio. |

**1** Leia esta carta de reclamação.

> Itajubá, 10 de agosto de 2018.
>
> Prezados senhores
>
> Desejo registrar uma reclamação contra a indústria de produtos alimentícios Pão Saboroso. Gostei muito da propaganda das novas bisnaguinhas e, acreditando na qualidade do pão, comprei um pacote para preparar o lanche da minha filha. A embalagem é de um verde-escuro que não permite ver o seu conteúdo. Pois bem. Qual não foi a minha surpresa quando abri o pacote e as bisnaguinhas estavam tão verdes quanto a embalagem! Estavam repletas de bolor. E dentro da data de validade! Sugiro que o produto seja fiscalizado com mais rigor e que a embalagem seja transparente, para que o consumidor possa ver o produto.
>
> Aguardo uma resposta e providências da empresa com relação a esse fato.
>
> Joana Paula Lima de Carvalho.

SAKURA TAIYOU

- Troque ideias com os colegas.

a) Quem escreveu a carta e para quem?

b) Com que finalidade a carta foi escrita?

c) A autora da carta faz uma solicitação. Qual?

**2** Você vai escrever uma carta de reclamação sobre um produto alimentício ou um brinquedo que apresenta algum problema.

- A carta pode ser dirigida à empresa que fabricou o produto ou à loja que o vendeu.

**3** Antes de começar a escrever, pense nestas questões e anote as primeiras ideias.

a) Você já comprou algum alimento estragado ou um brinquedo que veio com defeito? Qual?

b) A quem você escreveria uma carta para reclamar?

c) Qual é a linguagem adequada a esse tipo de texto e ao destinatário?

d) Que detalhes do problema você contaria?

e) Que argumentos você poderia usar para mostrar que se sentiu prejudicado?

f) Qual é a urgência de solução do problema?

_____
_____
_____
_____
_____
_____
_____
_____
_____
_____

**4** Faça primeiro um rascunho da carta de reclamação que você vai escrever.

> **Lembre-se!**
> - Escreva o nome da cidade e a data em que está sendo escrita a carta.
> - Use uma saudação educada.
> - Explique quem é você e qual é a sua reclamação.
> - Apresente seus argumentos e sugira uma possibilidade de solução.
> - Despeça-se pedindo uma resposta e assine a carta.

- Antes de passar o texto a limpo, avalie seu trabalho.

| Autoavaliação | 👍 | 👎 |
|---|---|---|
| Escrevi minha carta de maneira clara e educada? | | |
| Apresentei-me e expliquei o motivo da reclamação? | | |
| Apresentei os argumentos? | | |
| Sugeri uma solução e solicitei uma resposta? | | |
| Usei os verbos na forma correta? | | |

**5** Faça as alterações necessárias e passe a limpo sua carta de reclamação.

Combine com os colegas e o professor como a carta será enviada.

# UNIDADE 8

## Eu sou cidadão

### Discurso de agradecimento

____/____/____

| O que vou escrever? | Um discurso de agradecimento. |
|---|---|
| Quem vai ouvir? | Os professores e funcionários da escola. |
| Onde será lido? | Na sala da aula ou no pátio da escola. |

**1** Leia este trecho do discurso proferido por Malala ao receber o Prêmio Nobel da Paz.

[...] Excelentíssimas majestades, ilustres membros do Comitê Nobel Norueguês, queridos irmãos e irmãs, hoje é um dia de grande felicidade para mim. Aceito com humildade a escolha do Comitê Nobel em me agraciar com este precioso prêmio.

Obrigado a todos pelo apoio e amor permanentes. Sou grata pelas cartas e cartões que continuo a receber de todas as partes do mundo. Ler suas palavras amáveis e encorajadoras me fortalece e inspira. [...]

Malala e Kailash, ganhadores do Nobel da Paz em 2014.

Muito me orgulha ter sido [...] a primeira paquistanesa e a primeira adolescente a receber este prêmio. [...]

Muito me honra também dividir este prêmio com Kailash Satyarthi, que vem lutando pelos direitos das crianças já há muito tempo. Na verdade, pelo dobro do tempo que já vivi. Fico feliz também por estarmos aqui reunidos demonstrando ao mundo que um indiano e uma paquistanesa podem conviver em paz e trabalhar em prol dos direitos das crianças.

Disponível em: *Blog da Companhia*, 10/12/2014, <http://mod.lk/discurso>. Acesso em: 18 jun. 2018.

- Troque ideias com os colegas.
    - **a)** O que Malala faz nos dois primeiros parágrafos do discurso?
    - **b)** E nos dois últimos parágrafos, o que ela fala?

**2** Você e alguns colegas vão escrever um discurso para agradecer aos professores e funcionários da escola por mais um ano letivo.

**3** Antes de começar a escrever, pense nestas questões e anote suas primeiras ideias.

a) A que professores e funcionários o agradecimento será dirigido?

b) Quais são as ações e discussões realizadas na escola que, ao longo do ano, colaboraram para que você se tornasse uma pessoa melhor?

c) Como cada pessoa ou grupo de pessoas contribuiu para que você exercesse sua cidadania?

d) Alguma dessas pessoas deve ser citada particularmente no discurso, por alguma ação ou ensinamento de destaque?

e) Como você se sente estudando em sua escola e de que modo a experiência escolar o ajuda a se tornar um cidadão?

_____
_____
_____
_____
_____
_____
_____
_____
_____

**4** Faça primeiro um rascunho de seu discurso.

> **Lembre-se!**
> - Use o primeiro parágrafo para apresentar o grupo e explicar à plateia o propósito do discurso.
> - Agradeça aos professores e funcionários citando um deles por sua especial contribuição para que os alunos pudessem exercer a cidadania.
> - Dê exemplos de situações ou ações importantes para o exercício da cidadania.
> - Termine o discurso dizendo a todos como se sente fazendo parte da escola em que estuda.

- Antes de passar o discurso a limpo, avalie seu trabalho.

| Autoavaliação | 👍 | 👎 |
|---|---|---|
| Agradeci a todos os professores e funcionários? | | |
| Citei alguém em especial? | | |
| Dei exemplos de ações e situações que contribuíram para que eu me tornasse um cidadão melhor? | | |
| Consegui expressar meus sentimentos em relação à escola? | | |

**5** Faça as alterações necessárias e passe a limpo seu discurso.

Cada grupo vai escolher um dos colegas para apresentar oralmente o discurso.